LA BATAILLE
DE MIDWAY

Le tournant décisif de la guerre du Pacifique

par Laurent Campolini

50MINUTES

Avec la collaboration de Mathieu Beaud

LA BATAILLE DE MIDWAY

DONNÉES-CLÉS

- **Quand ?** Du 4 au 7 juin 1942
- **Où ?** Dans l'archipel de Midway (océan Pacifique)
- **Contexte ?** La Seconde Guerre mondiale (1939-1945)
- **Belligérants ?** Les États-Unis contre le Japon
- **Acteurs principaux ?**
    - Isoroku Yamamoto, amiral japonais (1884-1943)
    - Chester William Nimitz, amiral américain (1885-1966)
- **Issue ?** Victoire américaine
- **Victimes ?**
    - Camp japonais : 3 057 morts
    - Camp américain : 307 morts

INTRODUCTION

La bataille de Midway est l'une des batailles du conflit américano-japonais survenu au cours de la Seconde Guerre mondiale. Au terme de cet affrontement, les rapports de force dans le Pacifique se trouvent inversés entre les deux belligérants, au bénéfice des États-Unis.

Six mois après l'attaque de Pearl Harbor (7 décembre 1941), la flotte combinée japonaise menée par l'amiral Isoroku Yamamoto s'attaque à la base américaine située dans les îles Midway. L'objectif principal consiste à y écraser les forces aéronavales américaines qui constituent une menace importante pour l'Empire japonais. En s'attaquant à elles, l'amiral Isoroku Yamamoto souhaite permettre au Japon de poursuivre sa conquête expansionniste dans le Pacifique. Mais, bien que possédant une plus grande expérience et s'appuyant sur une stratégie sophistiquée et ambitieuse, les Japonais essuient une cuisante défaite face aux forces américaines commandées par l'amiral Chester William Nimitz. En effet, si la flotte combinée japonaise est plus importante que celle des États-Unis, l'amiral américain dispose d'un avantage capital qui lui permet de contrer la marine japonaise : il connaît la stratégie de l'ennemi, car les services de renseignements américains sont parvenus à décrypter le code secret des communications japonaises, renversant ainsi le cours des événements.

CONTEXTE POLITIQUE ET SOCIAL

L'EXPANSIONNISME DU JAPON

Entre 1868 et 1912, l'empire du Japon entre dans une période de croissance importante, visible tant sur le plan économique que militaire et politique, pour rattraper son retard sur les pays occidentaux. Celle-ci est notamment marquée par l'adoption d'une nouvelle politique d'expansion territoriale qui se concrétise par l'annexion de :

- l'île de Formose (actuelle île de Taïwan) en 1895 ;
- l'île de Sakhaline (île russe du Pacifique) en 1905 ;
- la Corée en 1910 ;
- quelques possessions allemandes situées en Chine et dans le Pacifique entre 1914 et 1918.

Entre 1926 et 1945, le Japon impérial – aussi appelé l'empire du Soleil-Levant – intensifie encore cette politique expansionniste et développe l'idée de la sphère de coprospérité de la grande Asie orientale. Cette politique débouche sur une guerre ouverte qui agite l'ensemble de l'Asie et qui se terminera avec la défaite militaire du Japon en 1945.

BON À SAVOIR

Le concept de sphère de coprospérité de la grande Asie orientale est proposé par le général et ministre des Affaires étrangères de 1936 à 1940, Hachirô Arita (1884-1965). Son idée consiste à regrouper tous les pays occupés par la marine et l'armée impériale japonaise dans le cadre de son expansion. Le concept est accepté le 1er août 1940 et la propagande, qui reprend des slogans tels que « l'Asie aux Asiatiques », cherche à présenter les Japonais comme les libérateurs des colons occidentaux présents en Extrême-Orient.

L'expansion militaire de l'armée japonaise est dirigée par le quartier général impérial dont le commandant suprême est l'empereur Hirohito (1901-1989). Il est assisté dans sa tâche par le ministre de l'Armée, le ministre de la Marine, l'inspecteur général de l'entraînement militaire et l'inspecteur général de l'aviation. Pour assurer la mise en œuvre de cette politique expansionniste, le quartier général impérial reçoit l'aide d'une division de l'information chargée de diffuser de nombreux documents de propagande écrite et radiophonique.

En réalité, l'objectif principal de l'empereur est purement économique. En effet, l'empire du Soleil-Levant a d'importants besoins en matières premières. Il est donc primordial d'occuper les pays producteurs de ressources telles que le pétrole, le fer, le bois, le caoutchouc, le riz et le soja.

En 1940, le Japon a déjà intégré de nombreux pays, dont Taiwan, la Corée, la Mandchourie ainsi que la Mongolie intérieure, et poursuit son expansion. Le 22 septembre, l'armée japonaise entre en Indochine française suite à des accords signés avec le gouvernement de Vichy (gouvernement qui dirige la France pendant l'Occupation, du 10 juillet 1940 au 20 août 1944) l'autorisant à s'installer sur le territoire sous certaines conditions. Des combats surviennent toutefois, mais se soldent par une victoire japonaise quatre jours plus tard.

BON À SAVOIR

Le 26 septembre 1940, l'Axe Rome-Berlin-Tokyo est créé avec la signature du pacte tripartite par l'Allemagne, le Japon et l'Italie survenue le lendemain. Néanmoins, à la différence de n'importe quelle autre alliance, les forces de l'Axe ne réalisent jamais d'opérations coalisées d'envergure telles que celles des Alliés. L'Allemagne et l'Italie n'interviennent d'ailleurs que très peu sur le front océanien et celui d'Asie du Sud-Est ; et inversement, le Japon ne participe pas à l'effort de guerre sur les théâtres européen et moyen-oriental.

LES TENSIONS ENTRE TOKYO ET WASHINGTON

À l'été 1941, les États-Unis, le Royaume-Uni et le gouvernement des Pays-Bas en exil lancent un ultimatum au Japon pour que ce dernier retire ses troupes présentes en Indochine et en Chine, à l'exception de la Mandchourie. Le Japon refuse et, le 26 juillet 1941, un embargo portant sur le pétrole et l'acier lui est imposé et ses avoirs sur le sol américain sont gelés.

Le 6 septembre 1941, le Japon décide que, si aucun accord n'est trouvé pour mettre fin à l'embargo, la guerre sera déclarée aux États-Unis et au Royaume-Uni. Toutefois, les hauts dirigeants militaires japonais ne croient pas à la solution diplomatique et lancent les préparatifs de l'attaque de la base américaine aéronavale de Pearl Harbor en novembre 1941. Le 3 novembre, le plan d'attaque est présenté à l'empereur Hirohito qui l'approuve deux jours plus tard.

L'ATTAQUE DE PEARL HARBOR

Cette première cible n'est pas choisie au hasard par l'Empire japonais. La base militaire de Pearl Harbor est en effet la plus grande base navale américaine située dans l'océan Pacifique. Elle se trouve sur la côte sud de l'île d'Oahu, dans l'archipel d'Hawaï. La rade de la base n'étant pas très grande, les bâtiments de guerre y sont amarrés deux par deux.

La veille de l'attaque, 86 unités navales mouillent dans la base parmi lesquelles se trouvent 28 destroyers, neuf croiseurs, huit cuirassés, quatre sous-marins, un cuirassé-cible et une trentaine de bâtiments auxiliaires, auxquels il faut ajouter 300 avions et hydravions de l'USAAF (*United States Army Air Forces*) et de l'aéronavale. En tout, ce sont près de 25 000 hommes qui s'y trouvent également. La défense de toutes ces installations est assurée par la DCA (défense contre les aéronefs), par les défenses littorales ainsi que par 35 bombardiers.

Les Japonais ont pour objectif de détruire la flotte afin de réduire au maximum la présence américaine dans les eaux du Pacifique et de permettre ainsi à l'empire de conquérir l'Asie du Sud-Est sans trop de difficultés. L'ensemble des préparatifs est confié au commandant en chef de la principale composante de la marine impériale japonaise – appelée la flotte combinée –, Isoroku Yamamoto. Celui-ci reçoit la mission de détruire entièrement les docks, les ateliers de réparation, les réservoirs de mazout et les aérodromes.

C'est dans la nuit du 6 au 7 décembre que la flotte combinée japonaise débute les opérations en toute discrétion pour ne pas alerter les Américains. Cinq sous-marins de poche japonais sont alors envoyés en mission de reconnaissance. Le matin du 7 décembre, entre 6 heures et 7 h 15, une première vague de 183 avions japonais s'envole à destination de Pearl Harbor. À 7 h 40, les premiers avions survolent la base américaine et 13 minutes plus tard, les premières bombes sont larguées, tandis que les sous-marins de poche attaquent au même moment les bateaux américains. Toutefois, quatre d'entre eux sont rapidement détruits par la marine américaine. Les Japonais profitent néanmoins de l'effet de surprise pour bombarder les navires les plus importants. Cependant, contrairement à ce qu'ils espéraient, aucun porte-avions américain n'est présent au moment de l'opération.

À 8 h 30, une seconde vague de 167 appareils, dont 132 bombardiers, s'attaque à la base aéronavale de Kaneohe, à l'est de Pearl Harbor. Cette deuxième attaque prend fin à 9 h 45 et des avions sont envoyés afin d'analyser les dommages causés à l'ennemi.

Malgré la demande insistante de certains officiers japonais, l'amiral Chuichi Nagumo (1887-1944) refuse de lancer de nouvelles attaques. Il considère que les objectifs principaux ont été atteints, que l'effet de surprise est passé et que les porte-avions américains dont la position leur est encore inconnue représentent un risque trop élevé. Il redoute par ailleurs que les bâtiments japonais soient repérés et pris en chasse par les sous-marins américains.

À la fin des opérations, le bilan humain dans le camp américain est très élevé : on dénombre 2 403 morts et 1 178 blessés. Au niveau matériel, les forces américaines perdent 4 navires de ligne, 3 croiseurs, 3 destroyers et 188 avions. Du côté japonais, les pertes sont nettement moins importantes. En effet, on compte 64 morts, 29 avions et 5 sous-marins de poche détruits.

Bien que l'attaque de Pearl Harbor se révèle être une victoire pour les Japonais si l'on compare les pertes, elle reste toutefois un échec d'un point de vue stratégique. En effet, l'armada japonaise ne détruit aucun porte-avions américain : lorsque l'assaut a été donné, l'*USS Enterprise* rentrait au port situé à 300 kilomètres, l'*USS Lexington* livrait des avions aux îles Midway et l'*USS Saratoga* était à San Diego pour subir des réparations et embarquer son groupe aérien. De plus, la majorité des navires américains touchés étaient de vieux bâtiments et près de 80 % de ceux-ci pourront être remis en état et modernisés ultérieurement. Enfin, la base de Pearl Harbor reste opérationnelle, car le port, les pistes, les réservoirs de carburant et les ateliers de réparation n'ont été touchés que partiellement et n'ont pas subi de dégâts majeurs.

DE PEARL HARBOR À MIDWAY

Pendant les six mois qui suivent l'attaque, l'armée japonaise enchaîne les victoires en Extrême-Orient, non seulement sur terre, mais aussi sur mer. Différents pays ou territoires tels que la Thaïlande, la Malaisie, Singapour, Hong Kong, Java ou les îles Salomon sont ainsi occupés par les Japonais qui peuvent désormais profiter d'une domination militaire stratégique sur une zone extrêmement vaste. De plus, la flotte combinée japonaise remporte de nombreux succès contre les flottes alliées, et ce jusqu'au 4 mai 1942, date à laquelle l'expansion japonaise est stoppée pour la première fois lors de la bataille de la mer de Corail.

Un mois après la bataille de la mer de Corail, le 3 juin 1942, la flotte combinée japonaise se lance dans une nouvelle opération aéronavale au large des îles Midway. Le plan de l'amiral Isoroku Yamamoto consiste à attirer les porte-avions américains près des forces aéronavales japonaises afin de les détruire. En parallèle, une opération de diversion est menée dans les îles aléoutiennes (à environ 2 700 kilomètres au nord des îles Midway) pour attirer l'attention des forces américaines et favoriser un effet de surprise au moment d'attaquer l'archipel de Midway qui constitue le cœur de l'opération. La base de Midway est en effet perçue par les Japonais comme étant la sentinelle de Pearl Harbor. Sa prise est donc d'une importance capitale puisqu'elle doit leur permettre d'occuper une nouvelle position dans l'océan Pacifique et de menacer plus directement la base de Pearl Harbor.

ACTEURS PRINCIPAUX

ISOROKU YAMAMOTO, AMIRAL JAPONAIS

Né en 1884, l'amiral japonais Isoroku Yamamoto est considéré par beaucoup d'historiens comme un stratège hors pair. Personnalité marquante du second conflit mondial, il a en effet très rapidement compris l'importance des porte-avions et des sous-marins dans le cadre des batailles navales et a également prédit que la supériorité japonaise ne durerait tout au plus qu'un an si un conflit venait à éclater. Sa prévision se révélera exacte, car il ne se passera que six mois entre la victoire à Pearl Harbor et la défaite de la flotte japonaise à Midway, véritable tournant dans la guerre du Pacifique.

Après le succès de Pearl Harbor, la flotte combinée japonaise menée par Isoroku Yamamoto effectue un nombre important d'opérations pour neutraliser les installations américaines, australiennes, britanniques et néerlandaises présentes dans le Pacifique. Toutefois, bien que l'armée japonaise enchaîne les succès entre les mois de janvier et d'avril 1942, le 18 avril 1942, l'aéronavale américaine envoie 16 appareils pour bombarder la ville de Tokyo. Cette attaque – appelée le raid de Doolittle – produit un électrochoc au Japon et constitue un argument de poids dont se sert l'amiral nippon pour lancer une nouvelle attaque surprise sur Midway. Il met aussitôt en place une stratégie visant à éloigner l'*US Navy* des territoires annexés par l'empire du Japon dans le Pacifique et à renforcer la défense de ces territoires. Isoroku Yamamoto considère d'ailleurs que la victoire ou la négociation avec les États-Unis ne pourra être obtenue que si un coup fatal est porté aux forces américaines.

Son plan d'attaque comprend deux parties :

- la première consiste en une attaque de diversion de la base de Dutch Harbor située dans les îles Aléoutiennes par la Vᵉ flotte japonaise composée de deux petits porte-avions, cinq croiseurs, treize destroyers et quatre cargos. Cette attaque a pour objectif d'envahir les îles de Kiska et d'Attu et d'éloigner la flotte américaine amarrée à Pearl Harbor et, si possible, les porte-avions présents ;
- la seconde consiste en l'attaque de l'archipel de Midway par la première force mobile composée de quatre porte-avions, deux cuirassés, trois croiseurs et douze destroyers. L'objectif est d'anéantir les forces aériennes présentes à Midway. Par la suite, la prise de l'archipel devrait amener les porte-avions américains dans un nouveau piège qui les mettra nez à nez avec la première force mobile japonaise. Enfin, la première flotte japonaise reçoit la mission d'éliminer la résistance en mer et de terminer la destruction de la flotte américaine.

Malgré toutes les précautions prises par l'amiral Isoroku Yamamoto, le plan présente une importante faille qu'il n'a pu prévoir : les Américains sont en effet parvenus à décrypter les messages codés japonais et ont donc connaissance des plans d'attaque ennemis. Dès lors, le commandant de la flotte du Pacifique, Chester William Nimitz, met en place une embuscade qui vise à détruire les quatre porte-avions japonais chargés d'attaquer Midway.

La flotte combinée japonaise perd ainsi sa supériorité dans le Pacifique, ce qui rend toute nouvelle opération impossible. Toutefois, décidé à poursuivre le combat, Isoroku Yamamoto se lance dans une série d'attaques éclair entre les mois de septembre et de novembre 1942, mais, malgré les pertes importantes subies par les forces américaines, les dégâts infligés n'ont jamais été suffisants pour déstabiliser leur flotte.

Le 18 avril 1943, il décolle avec une escorte de six avions pour visiter plusieurs bases dans le sud du Pacifique et remotiver ses troupes. Les Américains prennent connaissance de cette visite d'inspection et lancent 16 avions de chasse à sa poursuite pour l'attaquer. La mission est un succès pour ces derniers et l'avion d'Isoroku Yamamoto s'écrase en pleine jungle. La nouvelle de sa mort est, dans un premier temps, gardée secrète par l'état-major japonais afin de ne pas démoraliser les troupes. Finalement, le 3 juin 1943, des funérailles nationales sont organisées.

CHESTER WILLIAM NIMITZ, AMIRAL AMÉRICAIN

Né en 1885, Chester William Nimitz est un amiral américain. D'abord placé à la tête des flottes de sous-marins américains, il est promu chef du bureau de la navigation en 1939.

Dix jours après l'attaque de Pearl Harbor, le président des États-Unis, Franklin Delano Roosevelt (1882-1945), le nomme commandant en chef de la flotte du Pacifique avec le grade d'amiral. Il assure donc la gestion des forces navales du Pacifique et, malgré le manque de ressources initial, parvient à organiser une première défense pour ralentir l'avancée japonaise.

En parallèle, les États-Unis développent leur flotte de combat et procèdent à l'instruction de nombreux soldats, marins et aviateurs. C'est grâce à ces nouvelles ressources que Chester William Nimitz lance une première offensive contre la flotte combinée japonaise et qu'il remporte des batailles comme celles de la mer de Corail ou de Midway. Par la suite, il participe à d'autres offensives importantes dans le Pacifique et inflige notamment une défaite décisive à la flotte japonaise durant la bataille de la mer des Philippines (19-20 juin 1944) ainsi que durant la bataille du golfe de Leyte (24-26 octobre 1944).

Finalement, il signe le 2 septembre 1945 l'acte de capitulation du Japon à bord de l'*USS Missouri* dans la baie de Tokyo.

Après la guerre, il est nommé commandant en chef des opérations navales et entreprend la restructuration de la marine afin qu'elle s'adapte au nouveau contexte d'après-guerre. Le 15 décembre 1947, il quitte son poste de chef des opérations navales et travaille successivement comme assistant spécial du secrétaire de la marine et, ensuite, au sein de la fondation historique de la Marine. Entre 1948 et 1956, il est régent de l'université de Californie, mais, en 1965, sa santé se dégrade. Il meurt le 20 février 1966.

ANALYSE DE LA BATAILLE

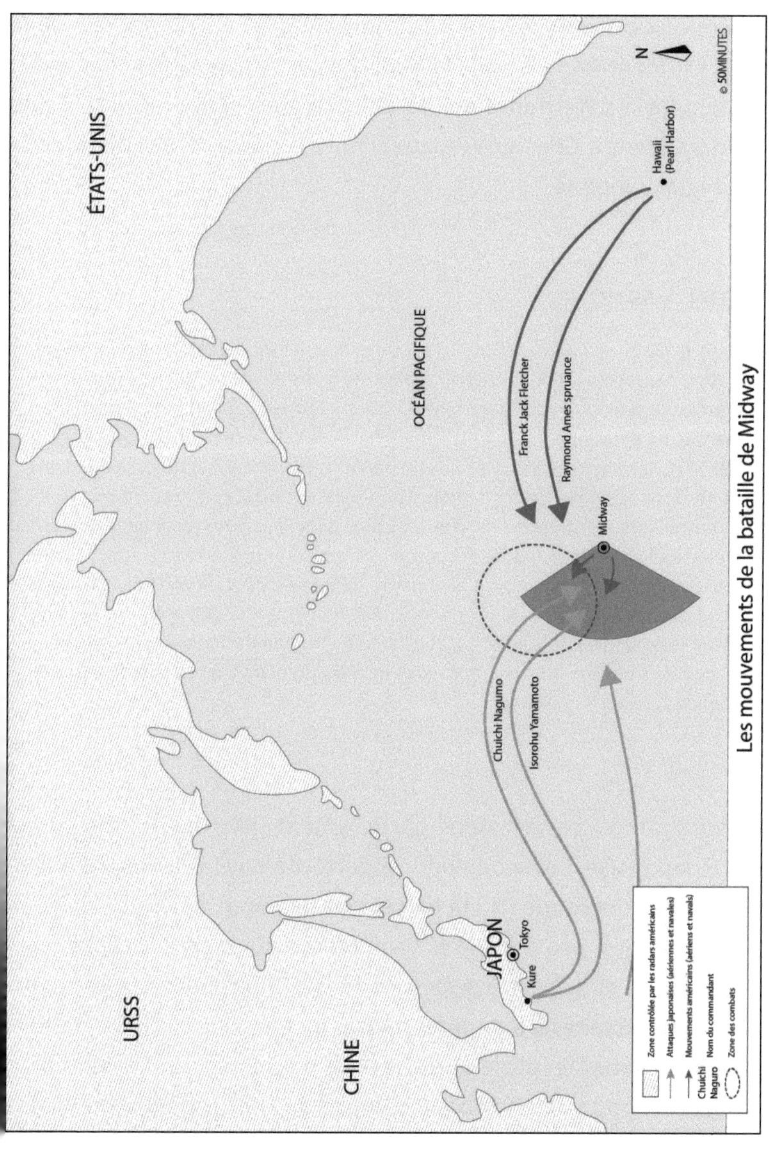

Les mouvements de la bataille de Midway

DÉCRYPTAGE DU CODE JAPONAIS

Au début du printemps 1942, les cryptanalystes américains parviennent à décoder le code JN-25 qui contient des messages liés à une opération contre un objectif nommé « AF ». Le nom réel de la cible est identifié : il s'agit de Midway. Les Américains parviennent également à déterminer que la bataille aura lieu le 4 ou le 5 juin et fournissent à Chester William Nimitz l'ensemble des plans de la stratégie nipponne.

Le code JN-25 ou *Japanese Navy 25* est un code qui fonctionne selon un système chiffré, dans lequel chaque chiffre correspond à une lettre. Le message est envoyé à un opérateur radio qui note l'information chiffrée et la décrypte grâce à un manuel de décodage.
Dès 1939, les cryptanalystes américains, australiens, britanniques et néerlandais tentent de déchiffrer le code, mais ils ne parviennent à comprendre que 10 % des messages. L'entreprise est d'autant plus difficile que les Japonais modifient plusieurs fois les manuels de décodage afin d'assurer la fiabilité du code. Ils ont toutefois recours trop souvent aux mêmes groupes-clés et, la veille de la bataille de la mer de Corail, les Alliés parviennent finalement à décrypter un tiers du trafic du code JN-25. Son décryptage sera à l'origine des victoires alliées dans la mer de Corail, à Midway, mais il permet également d'intercepter l'avion de l'amiral Isoroku Yamamoto.

L'amiral américain est donc parfaitement informé du fait que la flotte japonaise, beaucoup plus importante que la sienne, sera divisée en quatre groupes. Cela lui permet de déterminer que, dans un premier temps, peu de navires seront disponibles pour escorter leurs porte-avions et que cette dispersion réduit le nombre de canons anti-aériens nécessaires à leur défense. Dès lors, fort de ces informations capitales, il met en place une stratégie pour briser l'ambitieux plan d'attaque japonais en tenant compte du fait que les Américains peuvent s'appuyer sur un nombre d'avions plus important.

LES PRÉPARATIFS

Chester William Nimitz, qui dispose déjà de l'*USS Enterprise* et de l'*USS Hornet*, réquisitionne donc tous les autres porte-avions disponibles. Il rappelle également la *task force* (petite flotte de navires chargée de différentes missions précises) du contre-amiral Frank Jack Fletcher (1885-1973) qui possède le porte-avions *USS Yorktown*. Ce dernier, qui avait été endommagé lors de la bataille de la mer de Corail, subit des réparations éclair qui ne durent que 72 heures alors que plusieurs mois auraient été nécessaires pour le remettre parfaitement en état.

Le matin du 4 juin 1942, Chester William Nimitz dispose donc de ces trois porte-avions, qu'il place au large de Midway, ainsi que de 124 appareils comprenant des hydravions de patrouille et de bombardement, des bombardiers-torpilleurs, des bombardiers en piqué, des avions de chasse et des bombardiers moyens et lourds.

Du côté japonais, la flotte combinée dispose de six porte-avions, mais n'en déploie que quatre : le *Hiryu*, le *Soryu*, le *Kaga* et l'*Akagi*. En effet, le *Shokaku* est en réparation et la marine japonaise choisit de ne pas déployer le *Zuikaku* bien qu'elle possède assez d'appareils pour le rééquiper. Leurs principaux avions d'attaque sont des bombardiers en piqué, des classiques et des torpilleurs. La force aéronavale japonaise souffre cependant d'une pénurie d'appareils neufs, la plupart des avions étant en activité depuis l'attaque de Pearl Harbor. Bien que la maintenance soit convenable et régulière, ces appareils sont usés et moins fiables.

Malgré ces faiblesses, l'amiral Isoroku Yamamoto est totalement confiant dans son plan d'attaque. Il aligne donc sa flotte combinée pour attaquer la base de Midway et dirige l'ensemble des opérations à bord du cuirassé de premier rang de la marine impériale japonaise, le *Yamato*, le plus grand jamais construit. À son bord se trouvent des pièces de 457 millimètres, le plus gros calibre jamais monté sur un navire de guerre.

BON À SAVOIR

- Bombardier-torpilleur : avion militaire conçu pour lancer des torpilles (missiles se déplaçant dans l'eau) contre des navires ou des sous-marins.
- Bombardier en piqué : avion militaire qui attaque en plongeant directement sur sa cible de manière à agir avec plus de précision et à contrer l'efficacité de l'armement anti-aérien de l'ennemi.
- Croiseur : navire de guerre constitué d'un blindage et d'un armement important, mais beaucoup plus léger et mobile que le cuirassé.
- Cuirassé : navire de guerre constitué d'un blindage important et d'un armement composé des pièces d'artillerie les plus puissantes de l'époque.
- Destroyer : navire de guerre capable de défendre une flotte à l'aide des moyens de lutte antiaérienne, anti-sous-marine et anti-navire.
- Dragueur de mines : navire de guerre de faible tonnage remorquant une drague (dispositif mécanique, acoustique ou magnétique permettant d'enlever ou de détruire les mines sous-marines).
- Porte-avions : navire de guerre permettant le lancement et l'atterrissage d'avions de combat, d'hélicoptères, etc., à partir de son pont.
- Sous-marin de poche : petit sous-main transportant entre un et trois hommes.
- « Zéro » : terme utilisé pour désigner le chasseur-bombardier utilisé par la marine impériale japonaise de 1940 à 1945.

LA PREMIÈRE ATTAQUE JAPONAISE

Le 4 juin 1942, l'amiral Chuichi Nagumo lance 36 bombardiers et 36 bombardiers-torpilleurs escortés par 36 avions de chasse pour une première attaque sur Midway. Il envoie également une patrouille de défense aérienne autour de sa flotte pour protéger ses porte-avions. De plus, huit appareils de reconnaissance décollent pour tenter de localiser la flotte ennemie. La zone à couvrir est cependant très étendue et les Japonais ne disposent pas d'un nombre suffisant d'avions pour permettre une action de reconnaissance efficace.

Lorsque les radars américains de Midway repèrent les avions japonais à plusieurs centaines de kilomètres, des bombardiers sans escorte sont rapidement déployés afin de former un groupe d'attaque contre les porte-avions japonais. Ce groupe, qui compte 53 appareils de l'USAAF, attaque aussitôt et endommage le *Soryu* et l'*Akagi*.

À 6 h 20, les appareils japonais survolent la base de Midway et bombardent les installations américaines. Des avions de chasse américains tentent d'intercepter les appareils ennemis et la DCA entre également en action pour défendre la base. Au terme de cette première vague d'attaque, les Japonais ont réussi à endommager gravement les installations américaines, mais leur base est toujours opérationnelle et les bombardiers peuvent encore s'y ravitailler. Une seconde attaque est donc nécessaire pour que les Japonais puissent débarquer leur troupe sur Midway au cours de la seconde phase de leur plan.

À 7 h 15, suite à l'attaque de ses porte-avions, Chuici Nagumo ordonne de lancer une seconde vague contre Midway avec les appareils de réserve, destinés à l'origine à bombarder les porte-avions américains. En prenant cette décision, il ne respecte pas les instructions d'Isoroku Yamamoto qui lui imposait de garder le groupe de réserve pour des opérations anti-navires et perd 30 minutes à préparer et à réarmer les avions pour ce second assaut. Entre-temps, un appareil de reconnaissance signale à 7 h 40 la présence d'une flotte américaine à l'est sans en préciser la composition. Il faudra attendre 40 minutes pour que des appareils de reconnaissance signalent la présence d'un porte-avions dans ce groupe. Par conséquent, l'amiral Chuichi Nagumo annule immédiatement l'ordre de réarmement, sans en informer Isoroku Yamamoto avec lequel il n'a aucune communication pour éviter que sa position ne soit découverte. Chuichi Nagumo se trouve face à un dilemme et doit décider seul de la suite des événements : soit il envoie une seconde vague d'appareils contre la base aérienne de Midway, soit il lance une attaque contre la flotte américaine. Finalement, il décide d'attendre le retour de mission des premiers avions, ce qui lui laisse le temps d'en préparer et d'en équiper convenablement de nouveaux pour attaquer la base de Midway.

L'ATTAQUE AMÉRICAINE

Le même jour, ayant pris connaissance des plans nippons, l'amiral Frank Jack Fletcher ordonne au contre-amiral Raymond Ames Spruance (1886-1969) qui dirige les porte-avions *USS Enterprise* et *USS Hornet* de lancer une attaque contre les Japonais. Bien que la flotte ennemie se trouve hors du rayon d'action des appareils américains, Raymond Ames Spruance considère que l'attaque peut réussir et ordonne que le décollage ait lieu à 6 heures. Cependant, les préparations prennent du retard et les premiers appareils ne décollent de l'*USS Entreprise* et de l'*USS Hornet* qu'à 7 heures, suivis une heure plus tard par ceux de l'*USS Yorktown*.

Il donne ensuite l'ordre aux appareils de détruire immédiatement les porte-avions japonais, qu'il considère comme étant la clé de la victoire. Estimant que la rapidité d'action prime sur la coordination de l'attaque, il envoie au fur et à mesure les unités aériennes en petits escadrons. Finalement, entre 9 h 30 et 9 h 40, les deux premiers escadrons repèrent la flotte japonaise et l'attaquent, mais ils se font balayer par les avions japonais *Zéros*, bien plus rapides et manœuvrables. Néanmoins, quelques bombardiers-torpilleurs parviennent à larguer leurs missiles, obligeant les porte-avions japonais à réaliser des manœuvres d'esquive, ce qui a pour résultat de désorganiser la flotte et de l'empêcher de lancer une contre-attaque.

Entre 10 heures et 10 h 15, un troisième escadron de bombardiers-torpilleurs américains attaque la flotte japonaise par le sud-est et attire rapidement la majorité des chasseurs japonais dans leur direction. Au même moment, trois escadrons de bombardiers en piqué approchent la flotte japonaise par le nord-est et le sud-ouest. Sans le savoir, les appareils américains arrivent au meilleur moment pour infliger des dégâts significatifs à la flotte japonaise. En effet, outre le fait que les navires japonais sont largement privés de protection aérienne, leurs chasseurs s'étant dirigés vers le troisième escadron aérien américain, les porte-avions japonais sont encombrés d'appareils armés, des tuyaux de carburant serpentent les ponts et de nombreuses bombes et torpilles sont dispersées dans les hangars au lieu d'être stockées en sécurité dans les arsenaux.

Dès lors, il ne faut que quelques dizaines de minutes pour que les Américains endommagent gravement les porte-avions *Soryu*, *Kaga* et *Akagi*. Les deux premiers coulent dans la soirée du 4 juin et le troisième, qui n'est touché que par une seule bombe qui a traversé son pont d'envol et a explosé au milieu d'appareils armés, est sabordé par l'équipage.

Il ne reste désormais plus que le porte-avions *Hiryu* pour lancer des appareils. Les Japonais réagissent rapidement et envoient une première vague de bombardiers en piqué contre l'*USS Yorktown*. Les trois bombes larguées parviennent à détruire les chaudières du bâtiment, le condamnant à l'immobilité, ce qui peut être fatal dans une bataille aéronavale. La seconde vague l'attaque également pensant qu'il s'agit de l'*USS Enterprise*. Ainsi, seul l'*USS Yorktown* subit d'importants dégâts tandis que les deux autres porte-avions sont miraculeusement épargnés. Frank Jack Fletcher, qui se trouve à bord de l'*USS Yorktown*, fait alors déplacer son état-major sur le croiseur lourd *USS Astoria*.

Pensant avoir infligé de très lourds dégâts au camp ennemi, la seconde vague japonaise rentre sur le porte-avions *Hiryu* pour se préparer à attaquer ce qu'il pense être le dernier porte-avions.

L'ÉCHEC DE L'ATTAQUE JAPONAISE

En fin d'après-midi, un appareil de reconnaissance de l'*USS Yorktown* localise le dernier porte-avions japonais, l'*Hiryu*. L'information est aussitôt transmise à l'*USS Enterprise* qui envoie une vague de bombardiers en piqué. Malgré la défense aérienne mise en place autour du bâtiment, les appareils américains parviennent à endommager le porte-avions nippon avec quatre ou cinq bombes. Le navire doit dès lors être évacué, et le reste de la flotte, amputée de sa force aéronavale, se dirige vers le nord-est pour tenter d'intercepter les porte-avions américains. Le *Hiryu* reste à flot durant toute la nuit et coule le lendemain matin avec, à son bord, le contre-amiral Tamon Yamaguchi (1892-1942), qui choisit de sombrer avec son vaisseau.

À la tombée de la nuit, les deux camps préparent leurs plans pour la suite de la bataille. Considérant qu'il ne pourrait pas mener les opérations depuis un croiseur lourd, Franck Jack Fletcher confie le commandement opérationnel au contre-amiral Raymond Ames Spruance. Celui-ci, après avoir récupéré les appareils ayant participé à la vague d'attaque contre les porte-avions japonais et craignant une possible rencontre avec les bâtiments japonais, ordonne de mettre le cap à l'est avant de se diriger vers l'ouest à partir de minuit. De son côté, ne sachant pas que ses quatre porte-avions ont été coulés, l'amiral Isoroku Yamamoto envoie un groupe de croiseurs bombarder l'île de Midway. Mais, lorsqu'il apprend la nouvelle, il ordonne au reste de sa flotte de se replier.

Dans la nuit du 5 au 6 juin 1942, à 2 h 15, le sous-marin *USS Tambor*, qui se trouve à 170 kilomètres de Midway, repère un groupe de quatre croiseurs japonais (le *Kumano*, le *Suzuya*, le *Mogami* et le *Mikuma*) ainsi que deux destroyers (l'*Arashio* et l'*Asashio*) que l'amiral Isoroku Yamamoto avait envoyé bombarder l'archipel. Alors que les navires japonais viennent de recevoir l'ordre de se replier, ils aperçoivent le sous-marin américain et lancent aussitôt des manœuvres d'évitement au cours desquelles deux croiseurs, le *Mogami* et le *Mikuma*, entrent en collision. Si le premier est sévèrement endommagé, le second subit moins de dégâts, mais ralentit sa vitesse de croisière pour ne pas s'éloigner du premier. À 4 h 12, le sous-marin américain plonge pour les attaquer, mais sans résultat.

Au cours des jours qui suivent, les appareils américains mènent plusieurs attaques contre les croiseurs japonais : le *Mikuma* est finalement coulé le 7 juin et le *Mogami*, bien que touché à de nombreuses reprises, parvient à rentrer au Japon. Quant aux destroyers *Arashio* et *Asashio*, ceux-ci sont bombardés et mitraillés par les appareils américains.

Au même moment, des opérations de sauvetage de l'*USS Yorktown* sont mises en place, mais le porte-avions est touché par deux torpilles lancées par un sous-marin japonais et le vaisseau américain coule le matin du 7 juin, marquant la fin de la bataille de Midway.

APRÈS LA BATAILLE

À la fin de la bataille, le contre-amiral Raymond Ames Spruance considère que la victoire américaine est sans appel et juge qu'il serait trop dangereux de poursuivre le reste de la flotte japonaise.

De son côté, l'amiral Chuichi Nagumo rédige le 15 juin un rapport complet destiné au haut commandement militaire qui est gardé secret par les hautes sphères de la marine impériale et par le gouvernement. Ainsi, la population japonaise et l'essentiel des membres du commandement ne savent pas ce qu'il s'est vraiment passé durant la bataille. Seuls quelques officiers supérieurs et l'empereur Hirohito ont connaissance de l'étendue des pertes matérielles et humaines. Dès lors, au moment du retour de la flotte japonaise à Hashirajima (île japonaise), les blessés sont directement transférés dans des hôpitaux militaires en isolement tandis que les officiers et les marins sont dispersés dans de nouvelles unités dans le Pacifique Sud où nombre d'entre eux trouveront la mort. Toutefois, les officiers d'état-major qui ont participé à la bataille ne sont pas sanctionnés et Chuichi Nagumo est même placé à la tête de la force aéronavale reconstituée après la bataille.

RÉPERCUSSIONS DE LA BATAILLE

LE TOURNANT DE LA GUERRE DU PACIFIQUE

Aujourd'hui, de nombreux historiens considèrent que la bataille de Midway a été un événement décisif dans l'histoire navale, mais également un tournant dans la guerre du Pacifique.

Six mois après l'attaque de Pearl Harbor et un mois après la bataille de la mer de Corail, la marine impériale japonaise subit une lourde défaite qui lui occasionne des pertes irremplaçables. Même si les Japonais n'abandonnent pas la guerre et tentent de progresser dans le Pacifique Sud contre les Alliés, l'équilibre des forces navales en présence se modifie au fil des mois pour laisser place à une nette suprématie américaine.

Si la bataille de Midway ne marque pas encore la fin de la guerre dans le Pacifique, elle constitue néanmoins une victoire décisive pour les Alliés et est lourde de conséquences :

- la flotte de guerre japonaise est amputée de plusieurs navires importants, ce qui réduit la possibilité pour l'empire d'entreprendre de nouvelles grandes offensives ;
- la victoire permet également aux Alliés de lancer de nouvelles opérations militaires dans le Pacifique. En effet, grâce à la victoire de Midway, le front américain avance peu à peu dans le Pacifique et les Alliés ont l'opportunité de débarquer à Guadalcanal (île de l'océan Pacifique) et d'entamer la prise des îles Salomon.

Certains considèrent que les lourdes pertes japonaises subies durant la bataille de Midway ont affaibli de manière irrémédiable la marine impériale japonaise. D'autres estiment que ce sont des batailles telles que celles survenues durant la campagne des îles Salomon, au cours desquelles de nombreux pilotes vétérans ont trouvé la mort, qui ont entraîné une diminution brutale de la capacité d'attaque de l'aéronavale japonaise et sont donc à l'origine de son déclin. Il n'est toutefois pas faux de considérer que la perte de quatre porte-avions lourds et de plus de 40 % des techniciens, des mécaniciens ainsi que des hommes de pont et des marins les plus expérimentés, fut un coup fatal.

EN RÉSUMÉ

1ᵉʳ sept. 1939	Début de la Seconde Guerre mondiale
7 déc. 1941	Attaque de Pearl Harbor
4-8 mai 1942	Bataille de la mer de Corail
4-7 juin 1942	Bataille de Midway
8 mai 1945	Capitulation de l'Allemagne
2 sept. 1945	Capitulation du Japon et fin de la Seconde Guerre mondiale

La bataille de Midway © 50MINUTES.com

- La bataille de Midway se déroule du 4 au 7 juin 1942 au cours de la Seconde Guerre mondiale.
- Cette bataille aéronavale est un événement-clé dans le conflit américano-japonais survenu dans l'océan Pacifique.
- Le combat se déroule six mois après l'attaque japonaise de la base américaine de Pearl Harbor. L'objectif principal des Japonais est d'anéantir la flotte des États-Unis dans le Pacifique. Dès lors, ils mettent en place une stratégie qui consiste à détruire la base américaine située dans l'archipel de Midway et ses porte-avions, qui constituent des forces de premier ordre dans les batailles aéronavales.

- Mais les Américains prennent connaissance de l'ensemble des plans japonais grâce au décryptage du code de transmission ennemi.
- Grâce à cela, ils parviennent à battre les Japonais qui perdent quatre porte-avions, un croiseur lourd, 248 avions et 3 057 hommes.
- Cette défaite japonaise marque un tournant important dans la guerre du Pacifique dans la mesure où elle occasionne des pertes irremplaçables pour les Japonais.

POUR ALLER PLUS LOIN

SOURCES BIBLIOGRAPHIQUES

- ABNETT (Dan) et WHITE (Steve), *The Battle of Midway. The Destruction of the Japanese Fleet*, New York, The Rosen Publishing Group, 2007.
- BERKOWITZ (Bruce D.), *The New Face of War. How War Will Be Fought in the 21st Century*, New York, Free press, 2003.
- COSTELLO (John), *La guerre du Pacifique. Des origines à Hiroshima*, Paris, Pygmalion, 1982.
- DELMAS (Claude), *1941. Pearl Harbor. La guerre devient mondiale*, Bruxelles, Complexe, 1990.
- GARÇON (François), *La guerre du Pacifique*, Florence, Casterman-Giunti, 1997.
- GARROS (Louis), « Midway ou la revanche de Pearl Harbor », in *Géographie histoire magazine*, n° 138, Paris, mars 1963, p. 80-92.
- ISOM (Dallas Woodbury), *Midway Inquest. Why the Japanese Lost the Battle of Midway ?*, Indiana, Indiana University press, 2007.
- LECKIE (Robert), MARIE (René) et ROTH (Max), *Les marines dans la guerre du Pacifique (1942-1945)*, Paris, Laffont, 1962.
- PAASCH (Heinrich), *De la quille à la pomme du mât. Dictionnaire de marine en anglais, français, allemand, espagnol et italien*, Bruxelles, Logos, 1993.
- ROUDIL (Pierre), « La bataille de Midway », in *À la une : Les grands événements du xxe siècle et les journaux de l'époque*, Paris, Atlas, 1979, p. 121-132.
- SOUTY (Patrick), *La guerre du Pacifique 1937-1945. L'Asie du Sud-Est au centre des enjeux*, Lyon, Presses Universitaires de Lyon, 1995.
- STILLE (Mark), *Midway 1942. Turning Point in the Pacific*, Oxford, Osprey Publishing, 2010.

- Symonds (Craig L.), *The Battle of Midway*, Oxford-New York, Oxford university press, 2011.
- Theobald (Robert A.), *Le secret de Pearl Harbor. 7 décembre 1941*, Paris, Payot, 1955.

SOURCES COMPLÉMENTAIRES

- Agawa (Hiroyuki), *Yamamoto, amiral de la Marine impériale, chef de guerre malgré lui*, Paris, Éditions France Empire, 1982.
- Bix (Herbert P.), *Hirohito and the Making of Modern Japan*, New York, Harper Collins, 2001.
- Buell (Thomas B.), *The Quiet Warrior. A Biography of Admiral Raymond A. Spruance*, Annapolis, US Naval institute press, 1987.
- Dull (Paul S.), *A Battle History of the Imperial Japanese Navy (1941-1945)*, Annapolis, US Naval institute press, 1978.
- Fuchida (Mitsuo) et Okumiya (Masatake), *Midway. The Battle that Doomed Japan. The Japanese Navy's Story*, Annapolis, US Naval institute press, 2000.
- Peattie (Mark R.), *Sunburst. The Rise of Japanese Naval Air Power, 1909-1941*, Annapolis, US Naval institute press, 2001.
- Smith (Michael), *The Emperor's Codes. Bletchey Park and the Breaking of Japan's Secret Ciphers*, Ealing, Bantam Press, 2000.

FILM ET DOCUMENTAIRES

- *La Bataille de Midway*, film de Jack Smight avec Charlton Heston, Henry Fonda et James Coburn, 1976.
- *L'Enfer de la guerre du Pacifique. Archives en couleurs*, documentaire de René-Jean Bouyer, 2007.
- *Apocalypse – La Deuxième Guerre mondiale*, épisode 4 « L'embrasement (1941-1942) », documentaire de Daniel Costelle et Isabelle Clarke, 2009.
- *La Bataille de Midway*, documentaire d'Epi Diffusion, 2010.

- *La Grande Histoire de la Seconde Guerre mondiale*, épisode 9 « Pearl Harbor, l'Amérique en guerre », documentaire d'Epi Diffusion, 2010.
- *Les Grandes Batailles navales de la Seconde Guerre mondiale*, documentaire d'Epi Diffusion, 2010.
- *La Grande Histoire de la Seconde Guerre mondiale*, épisode 11 « Le Pacifique s'enflamme », documentaire d'Epi Diffusion, 2011.

MUSÉES ET BÂTIMENTS COMMÉMORATIFS

- *USS Midway Museum*, à proximité de la base navale de San Diego (États-Unis).
- *The Pacific Aviation Museum* Pearl Harbor à Honolulu (Hawaii).
- *The Battle Memorial Sand Island*, le mémorial de Midway sur l'atoll de Midway (océan Pacifique).

50MINUTES

SOYEZ LÀ
OÙ ON NE VOUS ATTEND PAS !

www.50minutes.com

www.50minutes.com

Éditeur responsable : Lemaitre Publishing
Rue Lemaitre 6 | BE-5000 Namur
info@lemaitre-editions.com

ISBN ebook : 978-2-8062-5409-2
ISBN papier : 978-2-8062-5590-7
Dépôt légal : D/2014/12603/32
Photo de couverture : © U.S. Navy Photograph

Conception numérique : Primento,
le partenaire numérique des éditeurs